SAM HOUSTON

Un estadista audaz

Joanne Mattern

Consultores

Julie Hyman, MS.Ed.
Coordinadora de estudios sociales
Birdville ISD

Créditos de publicación

Dona Herweck Rice, *Jefa de redacción*
Conni Medina, *Directora editorial*
Lee Aucoin, *Directora creativa*
Marcus McArthur, Ph.D., *Editor educativo asociado*
Neri García, *Diseñador principal*
Stephanie Reid, *Editora de fotografía*
Rachelle Cracchiolo, M.S.Ed., *Editora comercial*

Créditos de imágenes

Tapa North Wind Picture Archives y The State Preservation Board, Austin, Texas; pág. 1 North Wind Picture Archives; pág. 2–3 State Preservation Board, Austin, Texas; pág. 4 LOC [LC–USZ62–27732]; pág. 4–5 State Preservation Board, Austin, Texas; pág. 6 Bridgeman Art Library; pág. 6–7 The Granger Collection; pág. 7 (lateral) The Granger Collection; pág. 8 Alamy; pág. 9 Bridgeman Art Library; pág. 10 North Wind Picture Archives; pág. 11 Tennessee State Library and Archives; pág. 11 (lateral) North Wind Picture Archives; pág. 12 The Granger Collection; pág. 13 George Catlin (1834) [dominio público]; pág. 14 North Wind Picture Archives; pág. 15 Corbis; pág. 15 (lateral) LOC [LC–USZC4-6466]; pág. 16 (arriba) Sam Houston Memorial Museum; pág. 16 (abajo) Bridgeman Art Library; pág. 17 Cecily McNeil; pág. 17 (lateral) LOC [LC-USZ62–53017]; pág. 18 The Granger Collection; pág. 19 North Wind Picture Archives; pág. 20 DeGolyer Library; pág. 21 (abajo) Houston Public Library; pág. 22 (arriba y abajo a la derecha) State Preservation Board, Austin, Texas; pág. 22 (abajo a la izquierda) Bridgeman Art Library; pág. 23 Bridgeman Art Library; pág. 24 Alamy; pág. 25 North Wind Picture Archives; pág. 25 (lateral) The Granger Collection; pág. 26 North Wind Picture Archives; pág. 27 The Granger Collection; pág. 27 (lateral) Archive.org; pág. 28–29 North Wind Picture Archives; pág. 29 (lateral) J. Williams/Wikimedia; pág. 32 Alamy; Todas las demás imágenes de Shutterstock.

Teacher Created Materials

5301 Oceanus Drive
Huntington Beach, CA 92649-1030
http://www.tcmpub.com

ISBN 978-1-4333-7216-2

Tabla de contenido

Un héroe de Texas

Sam Houston es uno de los héroes más grandes de la historia de Texas. Houston fue el presidente de la **república** de Texas. Fue **senador** de Estados Unidos y gobernador de dos estados.

El 2 de marzo de 1836 Texas declaró su independencia, o su libertad, de México. Pero México no quería perder a Texas. Así que Texas y México entraron en guerra. Houston lideró el ejército de Texas. Su valentía y liderazgo ayudaron a Texas a convertirse en una república independiente.

Sam Houston

Como presidente de Texas, Houston trató de lograr la paz con los indígenas americanos. También trató de pagar todas las deudas de Texas. Sabía que Texas no era lo suficientemente fuerte como para ser un país independiente. Así que insistió para que Texas formara parte de Estados Unidos.

Houston dirigió a Texas durante una época importante de la historia de Texas. Hoy en día la ciudad más grande de Texas **porta** su nombre.

la batalla de San Jacinto

Un texano alto

Los registros militares afirman que Houston medía 6 pies y 2 pulgadas de altura cuando tenía 19 años de edad. Sin embargo la leyenda dice que Sam Houston medía 6 pies y 6 pulgadas (2 m) de altura cuando falleció. ¡De cualquier forma, Houston era un texano alto!

¡Está en todas partes!

La mayoría de las ciudades de Texas tienen una calle llamada "Houston". También hay escuelas, parques y museos que llevan el nombre de Sam Houston. Y, por supuesto, existe la ciudad de Houston, Texas. A esta ciudad se le dió el nombre *Houston* luego de la batalla de San Jacinto.

Crecimiento

El joven Houston

Sam Houston nació el 2 de marzo de 1793. Nació en el condado de Rockbridge, Virginia. Sus padres fueron Samuel y Elizabeth Houston. El padre de Houston fue general de división del ejército de Estados Unidos. También prestó servicios en la **milicia** local.

Samuel estaba de viaje con el ejército la mayoría del tiempo, así que Elizabeth manejaba la granja familiar por sí misma. Ella y sus hijos trabajaban duro, pero no tenían mucho dinero.

Houston recibió educación escolar mayormente en su propia casa. Disfrutaba de la lectura y pasaba mucho tiempo afuera de la casa. También le encantaba **deambular** por los bosques y los campos que rodeaban la granja.

Sam Houston

En 1807 los Houston decidieron mudarse al oeste, a Tennessee. Las tierras eran más económicas y la familia quería empezar de nuevo. Pero el padre de Houston murió antes de que la familia pudiera mudarse. Su madre compró una granja y una tienda general. Houston trabajó en la granja y en la tienda, pero se aburría. Pronto, su vida estaría llena de aventuras.

Colonos viajan al oeste en el siglo XIX.

¡Alisten las milicias!

Las milicias eran parte importante de la vida en las primeras épocas de Estados Unidos. La milicia era un grupo de voluntarios que se entrenaban para luchar en momentos de emergencia. En aquellos días Estados Unidos no tenía un ejército fuerte o grande. Así que se necesitaban las milicias locales para mantener a las personas a salvo.

Un viaje difícil

Hoy en día es fácil viajar desde Virginia a Tennessee. Pero en 1807 era un viaje difícil. Houston y su familia **toleraron** un largo viaje en un vagón tirado por caballos. Enfrentaron caminos en malas condiciones, mal clima, accidentes y criminales peligrosos.

La vida con los cherokee

Houston tenía sed de aventuras. Y tampoco quería trabajar en la granja o en la tienda familiar. Así que en 1809 huyó de su casa y se unió a una banda local de indígenas americanos cherokee. Los cherokee aceptaron a Houston en la tribu. Houston les agradaba tanto que su jefe, Oolooteka, lo **adoptó** como su propio hijo. Oolooteka dio a Houston el nombre cherokee de *Colonneh* que significa "cuervo". Houston vivió con los cherokee por tres años. Se vestía con ropas cherokee, hablaba su idioma y adoptó las costumbres de su tribu.

Houston como hijo adoptivo del jefe cherokee

el Sendero de lágrimas

Los cherokee

Los cherokee vivían en las tierras que ahora son los estados de Georgia, Tennessee, Carolina del Norte, Carolina del Sur, Alabama, Kentucky, Virginia y Virginia Occidental. Con el paso de los años el gobierno de Estados Unidos los obligó a abandonar sus tierras natales. Debido a la gran cantidad de cherokees que murieron durante este desplazamiento forzado en 1838, el viaje se hizo conocido como el "Sendero de lágrimas".

Finalmente, en 1812 Houston regresó a su hogar porque debía dinero a algunas personas y necesitaba pagar sus **deudas**. Houston abrió una pequeña escuela para ganar dinero. Rápidamente pudo pagar el dinero que debía. Entonces comenzó la guerra de 1812 entre Estados Unidos y Gran Bretaña. Houston quería ayudar a defender su país. Así que se unió al ejército de Estados Unidos.

Una señal de respeto

El cuervo era un ave **sagrada** para los cherokee. Los cherokee dieron a Houston el nombre de "el Cuervo", lo que demostraba lo mucho que el Jefe Oolooteka respetaba a Houston. Houston se sintió orgulloso de recibir semejante honor.

Servir a su país
La batalla de Horseshoe Bend

Houston se unió al ejército de Estados Unidos cuando tenía 19 años. Debido a que su padre había sido un oficial, Houston pudo haberse **enlistado** como oficial también, pero él quería ganarse este rango por sus propios méritos. Así que ingresó al ejército como soldado **raso**.

En 1814 Houston luchó contra un grupo de indígenas americanos conocidos como los creek. Los británicos habían pedido a los creek que lucharan contra los colonos estadounidenses. Los creek habían matado a cientos de colonos. Houston y los soldados estadounidenses enfrentaron a los creek en la batalla de Horseshoe Bend. El oficial de Houston era Andrew Jackson.

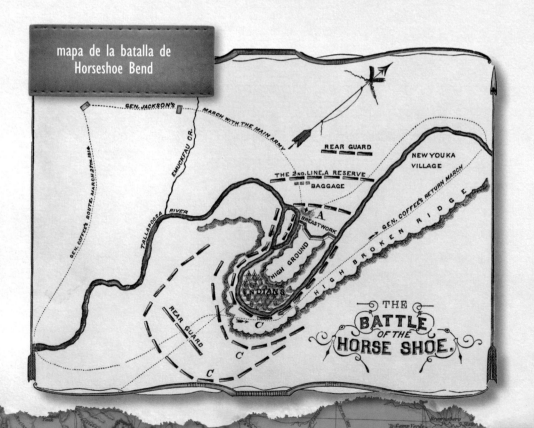

mapa de la batalla de Horseshoe Bend

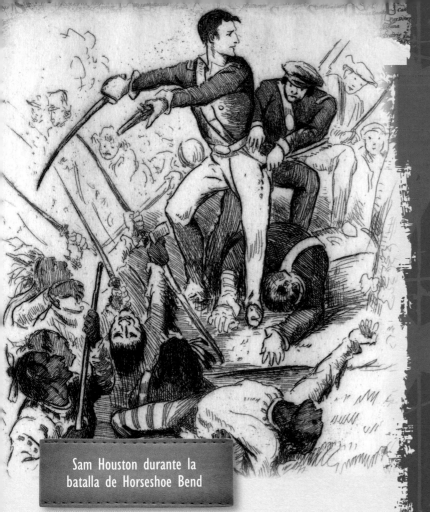

Sam Houston durante la batalla de Horseshoe Bend

Heridas graves

Houston fue herido gravemente en la batalla de Horseshoe Bend. Los médicos creían que iba a morir. Aunque Houston sobrevivió, las heridas lo afectaron por el resto de su vida.

La guerra de 1812

Estados Unidos declaró la guerra a Gran Bretaña en 1812. Los buques británicos habían estado deteniendo a los buques estadounidenses, robando sus cargamentos e incluso tomando a sus marineros. El punto bajo de la guerra para los estadounidenses llegó en 1814, cuando los británicos invadieron Washington, DC. Los británicos incendiaron la casa del presidente. Pero los estadounidenses ganaron la guerra en 1815.

una batalla naval durante la guerra de 1812

Durante la batalla Houston recibió un flechazo en la pierna. Jackson ordenó a Houston que se retirara de la batalla pero Houston se negó. Al contrario, lideró un ataque contra los creek. Durante este ataque Houston recibió otros dos disparos. Estados Unidos ganó la batalla, pero Houston estaba gravemente herido. Jackson estaba tan impresionado con la valentía de Houston que le dio una **promoción**. ¡Houston se convirtió en oficial!

Un tratado injusto

En 1817 el gobierno de Estados Unidos quería quitarle a los cherokee sus tierras. El gobierno quería dar un millón de acres de estas tierras a los colonos estadounidenses. A cambio de las tierras Estados Unidos daría a los cherokee dinero y tierras en Arkansas y Oklahoma. Para lograr esto el gobierno debía lograr que los cherokee firmaran un **tratado**, o acuerdo.

Sam Houston con el jefe Oolooteka

el jefe Oolooteka

El jefe Oolooteka

Oolooteka fue un jefe cherokee que vivió en Tennessee. Su nombre inglés era John Jolly. Su nombre cherokee, Oolooteka, significa "Aquel que deja el tambor". Este nombre honraba sus habilidades como pacificador. El tambor de guerra no fue necesario mientras Oolooteka fue jefe.

Territorio indio

El traslado de los indígenas americanos al territorio indio fue visto como una solución al conflicto entre los indígenas americanos y los colonos estadounidenses que querían las tierras. Pero las tierras que recibieron los indígenas americanos no eran buenas. El suelo era malo y el clima seco, lo que hacía que el cultivo fuera muy difícil.

Andrew Jackson sabía que Houston era amigo de los cherokee. Los cherokee confiaban en él. Jackson le pidió a Houston que convenciera al jefe Oolooteka de firmar el tratado. Houston hizo lo que Jackson le pidió aunque sabía que el tratado era injusto. Fue a Washington, DC, para **protestar** en contra del acuerdo. Mientras se encontraba en Washington, DC, le dijeron a Houston que no debía vestir sus ropas cherokee en la **capital**. Esto molestó mucho a Houston. Así que abandonó el ejército.

Una nueva vida

En marzo de 1818 Houston se mudó a Nashville, Tennessee, para estudiar abogacía. Las clases solían tomar 18 meses en completarse. ¡Houston terminó el curso en solo seis meses! Houston fue un abogado muy exitoso.

En 1820 Houston se convirtió en **coronel** del ejército estatal de Tennessee. Houston también se involucró en la política. En 1823 los votantes de Tennessee lo eligieron para la cámara de representantes de Estados Unidos. Houston representó a su estado en Washington, DC. Ahora Houston era un **político**.

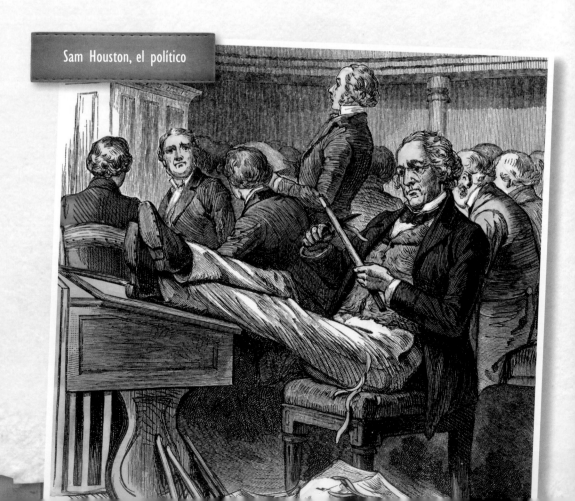

Sam Houston, el político

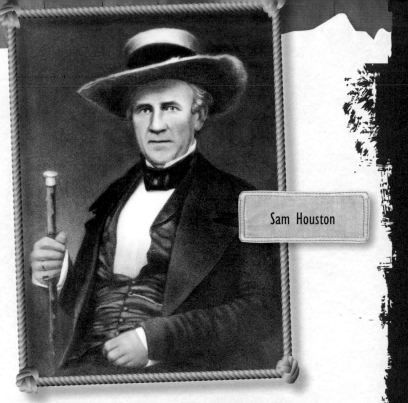

Sam Houston

Andrew Jackson

Houston ya no vivía con los cherokee. Pero todavía le gustaba vestir las ropas cherokee. También le gustaba vestir chalecos y zapatos elegantes. A algunas personas no les gustaba el estilo de Houston. Decían que Houston era ostentoso. Pero Houston se había hecho muy famoso.

En 1827 Houston se convirtió en el gobernador de Tennessee. Durante este período su viejo amigo Andrew Jackson se presentó como candidato para la presidencia. El gobernador Houston trató de convencer a las personas para que votaran por Jackson. En 1828 Jackson se convirtió en el séptimo presidente de Estados Unidos.

El Viejo Nogal

Andrew Jackson nació en Carolina del Sur en 1767. Entró en la política luego de mudarse a Tennessee, pero se hizo famoso luego de convertirse en un héroe durante la guerra de 1812. Fue presidente en 1828 y su mandato duró hasta 1837. Su sobrenombre era el "Viejo Nogal" porque era tan **testarudo** como la dura madera del nogal.

Leyes y abogados

Hoy en día los estudiantes tienen que ir a la escuela de derecho durante muchos años y pasar difíciles exámenes para convertirse en abogados. Pero durante el siglo XIX la mayoría de los abogados aprendía su oficio de otros abogados. Incluso podían ejercer su profesión sin tener ninguna educación formal.

Tiempos difíciles

En 1829 Houston se casó con Eliza Allen. Houston tenía casi 36 años de edad, pero Eliza era solo una adolescente. El matrimonio fue muy infeliz. Luego de tres meses Eliza dejó a Houston y regresó a su hogar.

Eliza Allen

Francis Scott Key se inspira durante la guerra de 1812 y escribe el himno nacional.

Houston estaba avergonzado porque muchas personas creían que había tratado mal a Eliza. Dejó su trabajo, abandonó Tennessee y regresó con el jefe Oolooteka y con su familia cherokee.

Los cherokee aceptaron nuevamente a Houston como miembro de su tribu. Houston conoció a una mujer cherokee llamada Tiana Rogers. Ella y Houston se enamoraron rápidamente.

En 1832 Houston regresó a Washington, DC. Un hombre llamado William Stanbery dijo que Houston le había robado a los cherokee alimentos enviados por el gobierno. Houston y Stanbery comenzaron a pelear. Stanbery trató de dispararle a Houston y Houston golpeó a Stanbery con su bastón. Houston fue arrestado y tuvo que pagar una multa por sus acciones. Muchas personas pensaban que él había hecho lo correcto. Como resultado, Houston se hizo famoso otra vez.

Francis Scott Key

Un abogado famoso

Luego de atacar al congresista Stanbery, Houston tuvo que ir a juicio por sus acciones. Francis Scott Key representó a Houston en su juicio. Key se había vuelto famoso por haber escrito la letra del himno nacional de Estados Unidos: "La bandera estrellada". Key escribió el himno durante la guerra de 1812.

Tiana Rogers

Es probable que Houston haya conocido a su esposa cherokee mucho antes de haberse enamorado de ella. Houston se había hecho amigo de los hermanos de Tiana en 1809, cuando se mudó con los cherokee por primera vez en Tennessee.

William Stanbery

Problemas en Texas
Houston al rescate

En 1832 el presidente Jackson envió a Houston a Texas. En aquel momento Texas era parte de México. Muchas personas de Estados Unidos se habían establecido en Texas. Pero no les gustaban las reglas que México les había impuesto. Jackson le pidió a Houston que averiguara lo que estaba sucediendo entre los colonos y los mexicanos. Más tarde Jackson también pidió a Houston que hiciera tratados de paz con varias de las tribus de indígenas americanos en Texas.

La esposa de Houston, Tiana, no quiso ir a Texas, con él, así que Houston se dirigió hacia el oeste solo. Estableció una oficina de abogados en el pueblo de Nacogdoches. En Texas Houston se convirtió rápidamente en una figura popular e influyente.

Estados Unidos en la
década de 1830

Santa Anna

Santa Anna

Santa Anna nació en México en 1794. Pasó a ser uno de los hombres más poderosos de la historia mexicana. Se convirtió en el principal líder militar de México y fue elegido presidente en 1833. Siguió siendo presidente hasta que se le destituyó de su cargo en 1855. Murió en 1876.

De España a México

En sus orígenes, México era gobernado por España. México logró su libertad de España en 1821. En aquella época México incluía todo el sudoeste de Estados Unidos actual.

Para Houston era claro que Texas y México iban a entrar en guerra. El presidente mexicano Antonio López de Santa Anna se negó a escuchar los reclamos de los texanos. Los texanos pidieron a Houston que los ayudara. En 1835 Houston ayudó a establecer el gobierno de Texas y se convirtió en uno de sus líderes militares. Los texanos querían su independencia.

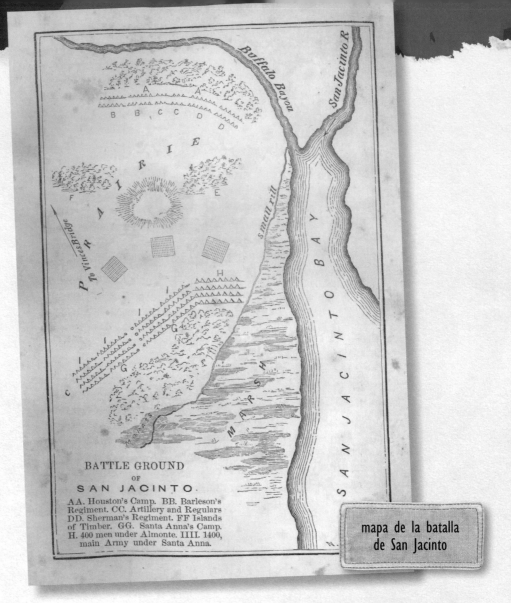

BATTLE GROUND
OF
SAN JACINTO.

AA. Houston's Camp. BB. Barleson's
Regiment. CC. Artillery and Regulars
DD. Sherman's Regiment. FF Islands
of Timber. GG. Santa Anna's Camp.
H. 400 men under Almonte. IIII. 1400,
main Army under Santa Anna.

mapa de la batalla
de San Jacinto

Declaración de la independencia

El 2 de marzo de 1836 Texas declaró su independencia de
México. Dos días más tarde Houston fue elegido general de
división del ejército de Texas.

Menos de 200 texanos se reunieron en una iglesia llamada
El Álamo. El 6 de marzo Santa Anna lideró aproximadamente a
1,800 soldados mexicanos en contra de El Álamo. Casi todos los
texanos que se encontraban en El Álamo fueron asesinados.

Houston sabía que sería difícil vencer a Santa Anna con su pequeño ejército. Houston se dirigió hacia el este. Santa Anna lo siguió. Muchas personas **criticaron** a Houston por haber huido. Pero él tenía un plan.

El 21 de abril de 1836 los dos ejércitos se encontraron en el río San Jacinto. Santa Anna estaba seguro de que su ejército vencería a los texanos. Así que dejó que sus soldados tomaran una siesta por la tarde. Houston atacó mientras el ejército mexicano estaba durmiendo. La batalla de San Jacinto duró solamente 18 minutos. Los texanos vencieron al ejército mexicano, que era mucho más grande. ¡Habían ganado su libertad!

el general Sam Houston

GEN. SAM HOUSTON
THE HERO OF SAN JACINTO   THE LIBERATOR OF TEXAS

El Álamo hoy en día

El Álamo

El Álamo era una **misión** española construida en 1718. En la actualidad es un museo y uno de los sitios más populares de Texas. Miles de personas visitan El Álamo cada año. El sitio ha recibido el nombre de "El santuario de la libertad de Texas".

Runaway Scrape

El ejército de Houston no era lo único que se estaba trasladando hacia el este en 1836. Muchos colonos texanos abandonaban sus casas para escapar del ejército invasor mexicano. Solo regresaron a sus hogares luego de enterarse que Houston había vencido a Santa Anna en la batalla de San Jacinto. Aquel viaje hacia el este de Texas se conoce como *Runaway Scrape*.

La lucha por obtener la categoría de estado

A la cabeza de Texas

Ahora Texas era una república libre. El 5 de septiembre de 1836 Houston fue elegido presidente de Texas. Condujo el gobierno desde una cabaña de troncos en Houston, la ciudad que llevaba su nombre. Su vicepresidente, Mirabeau Lamar, también había luchado en la batalla de San Jacinto. Sin embargo, él y Houston no se llevaban bien. Ambos tenían ideas muy diferentes acerca de qué era lo mejor para Texas.

el presidente Sam Houston

el vicepresidente Mirabeau Lamar

la Declaración de la Independencia de Texas

Santa Anna ataca a los texanos luego de que la guerra ha terminado.

La guerra había terminado, pero Houston debía enfrentar muchos problemas. El problema más grande era el dinero. Houston tenía que encontrar formas de que Texas pagara sus deudas. También intentó ser justo con los indígenas americanos de Texas. Quería reservar tierras para que ellos las habitaran.

Santa Anna fue otro problema para Houston. El presidente mexicano había firmado un tratado de paz luego de la guerra. Había prometido dejar en paz a Texas. Pero Santa Anna no mantuvo su palabra.

Buscapleitos

Muchas personas pensaban que Houston debía haber matado a Santa Anna luego de la batalla de San Jacinto. En cambio, porque Santa Anna había firmado un tratado de paz con Texas, Houston lo dejó vivir. Pero Santa Anna no cumplió con lo que había prometido y poco tiempo después atacó a Texas nuevamente.

Houston, Texas

En agosto de 1836 dos hermanos fundaron Houston, Texas. Nombraron la nueva ciudad en honor al héroe de la Revolución de Texas. Tenían la esperanza de que Houston se convirtiera en la capital de Texas. Sin embargo, en 1839 se designó a Austin como capital de Texas.

Sam Houston

Un sueño que se vuelve realidad

El mandato de Houston como presidente finalizó en 1838. La ley de Texas decía que no podía gobernar por dos mandatos **consecutivos**, o uno inmediatamente después del otro. Houston fue remplazado por su vicepresidente, Mirabeau Lamar, el cual cambió casi todo lo que Houston había hecho. Lamar contrajo deudas y obligó a los indígenas americanos de Texas a trasladarse a Oklahoma.

Los votantes de Texas religieron a Houston como presidente en 1841. Él encontró varias formas de que Texas pudiera pagar el dinero que debía. También habló con Estados Unidos acerca de la incorporación como estado. Houston sabía que Texas no era lo suficientemente fuerte como para seguir siendo independiente. Santa Anna quería que Texas volviera a ser parte de México otra vez. Unirse a Estados Unidos era la mejor forma de que Texas pudiera sobrevivir.

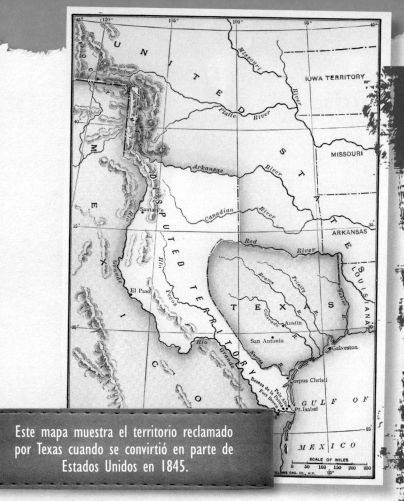

Este mapa muestra el territorio reclamado por Texas cuando se convirtió en parte de Estados Unidos en 1845.

Margaret Lea

Un amor duradero

Houston estaba visitando a un amigo en Alabama cuando conoció a Margaret Lea, de 20 años de edad. Ambos se enamoraron y se casaron el 9 de mayo de 1840. Tuvieron 8 hijos. Permanecieron casados hasta la muerte de Houston en 1863.

La guerra Mexicano-americana

Luego de que Texas pasara a formar parte de Estados Unidos, Estados Unidos entró en guerra con México para proteger a su nuevo estado agregado. La guerra Mexicano-americana duró desde 1846 hasta la victoria de Estados Unidos en 1848.

Texas enfrentó muchos ataques mexicanos durante 1842. Houston sabía que Texas no podría resistir estos ataques por mucho tiempo más. Trabajó duro para convencer a los texanos de que necesitaban la ayuda de Estados Unidos.

El mandato de Houston terminó en 1843, pero él siguió trabajando para que Texas se convirtiera en un estado. Finalmente, en 1845 el deseo de Houston se hizo realidad. El 29 de diciembre Texas se convirtió en el 28.° estado de Estados Unidos.

Una nación dividida

Ahora Texas era un estado. Tenía que elegir senadores que lo representaran en Washington, DC. Houston fue uno de los primeros senadores del estado. Se desempeñó en esta función durante tres mandatos en el senado de Estados Unidos.

Durante la década de 1850 la esclavitud era **controversial** en Estados Unidos. Muchas personas del norte pensaban que la esclavitud estaba mal. Muchas personas del sur no estaban de acuerdo con esto. Querían que los esclavos cultivaran algodón y tabaco en sus grandes **plantaciones**.

Esclavos recogen algodón en una plantación del sur.

un mapa de Estados Unidos que muestra la Unión y la Confederación durante la guerra de Secesión

Muchos estados sureños dijeron que entrarían en **secesión**, o se separarían, de Estados Unidos si se abolía la esclavitud. Ellos querían formar su propio país. Este país se llamaría *Estados Confederados de América*, o la **Confederación**. Muchas personas en Texas también querían la secesión. Houston pensaba que esto no era una buena idea. En 1859 decidió presentar su candidatura para gobernador de Texas otra vez. Creía que podía mantener a Texas en la Unión.

Houston ganó las elecciones. Sin embargo, en 1861 los habitantes de Texas votaron a favor de la secesión de Estados Unidos. Texas se unió a la Confederación. Pero Houston se negó a apoyar a la Confederación. Así que renunció a su cargo.

Cuestiones de esclavitud

Houston no estaba en contra de la esclavitud. De hecho, él mismo tenía esclavos. Sin embargo, Houston no quería que la nación se separara por causa de la esclavitud. Pensaba que debía haber una solución pacífica que permitiera a las personas mantener a sus esclavos y seguir siendo parte de Estados Unidos.

La Confederación

La Confederación estaba constituida por 11 estados sureños que se separaron de la Unión en 1861. El presidente de la Confederación era Jefferson Davis. Ningún gobierno extranjero reconoció a la Confederación.

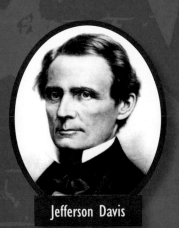

Jefferson Davis

Los últimos días

Luego de que Houston se **retiró**, él y su familia se mudaron a Cedar Point en la bahía de Galveston. Dos semanas más tarde comenzó la guerra de Secesión y los buques cañoneros de la Unión llenaron el puerto de Galveston. Ya no era seguro quedarse allí. En 1862 los Houston se mudaron a Huntsville, Texas. ¡Se mudaron a una casa insólita que tenía la forma de un buque de vapor!

La salud de Houston comenzó a deteriorarse. Contrajo muchos resfríos e infecciones pulmonares. Finalmente, el 26 de julio de 1863, Houston murió de **neumonía**. Se dice que sus últimas palabras fueron: "Texas... Texas... Margaret". Houston tenía 70 años.

Houston fue uno de los hombres más importantes en la historia de Texas. Su fuerza y sus ideas ayudaron a que Texas lograra independizarse de México. Más tarde Houston guió a Texas para que se convirtiera en un estado norteamericano. Construyó un gobierno fuerte. Intentó tratar de forma justa a todos los habitantes de Texas. Aunque enfrentó muchos desafíos durante su vida, Houston siempre hizo lo que creyó que era mejor para su amada Texas.

la batalla de Galveston

Una casa dividida

La guerra de Secesión duró desde 1861 hasta 1865. Al principio el sur ganaba la mayoría de las batallas. Pero el norte tenía más dinero e industrias. Podía producir más armas, municiones y suministros. Para 1865 el sur estaba en la ruina y la guerra había terminado.

La tumba de Houston

Sam Houston fue enterrado en Huntsville, Texas. Diez años después de su muerte el sencillo marcador de su tumba fue remplazado por una pieza de granito de 25 pies (8 m). La piedra estaba grabada con un homenaje de Andrew Jackson que decía: "El mundo cuidará la fama de Houston".

La tumba de Houston

Glosario

adoptó: tomó como propio

capital: lugar donde se encuentra la sede del gobierno

Confederación: el gobierno de los estados sureños que se separaron de Estados Unidos entre 1861 y 1865

consecutivos: en fila; uno después de otro

controversial: relativo a una diferencia de opinión o conflicto

coronel: un oficial de alto rango, inmediatamente inferior a un general

criticaron: hablaron mal sobre una persona o sus acciones

deambular: ir de un lugar a otro sin ningún objetivo

deudas: dinero que se debe a otra persona o a varias personas

enlistado: anotado en una división del ejército

milicia: un grupo de ciudadanos soldados

misión: un puesto religioso y militar establecido por los españoles durante la colonización

neumonía: una enfermedad pulmonar grave que dificulta la respiración

plantaciones: tipos de granjas grandes que se encuentran en el sur de Estados Unidos

político: una persona que tiene o desempeña un cargo público

porta: tiene o lleva (algo) como rasgo o característica.

promoción: un ascenso en el rango

protestar: oponerse fuertemente

raso: un soldado de rango bajo

república: un sistema político en el que la gente elige a sus representantes para que emitan leyes en su nombre

retiró: dejó un empleo

sagrado: respetado como algo divino

secesión: dejar un país y formar un gobierno nuevo

senador: un miembro electo del senado de Estados Unidos

testarudo: difícil de convencer, persuadir o mover

toleraron: soportaron o sufrieron pacientemente

tratado: un acuerdo legal entre dos gobiernos

Índice

¡Es tu turno!

Sam Houston tenía un ferviente deseo de aventuras. Siendo joven las encontró al huir de su hogar e irse a vivir con los indígenas americanos cherokee. Aprendió el idioma cherokee, vistió sus ropas tradicionales y fue aceptado como miembro de la tribu. Más tarde Houston se casó con una mujer cherokee.

Atentamente, Sam Houston

Escribe una carta a un amigo desde el punto de vista de Sam Houston. Explícale cómo los indígenas americanos amigos de Houston influenciaron sus ideas acerca del gobierno.